Sabrina Müller

Franchising als zukunftsgerichtete Unternehmens- und Vertriebsstrategie im Tourismus

GRIN Verlag

Bibliografische Information der Deutschen Nationalbibliothek:

Die Deutsche Bibliothek verzeichnet diese Publikation in der Deutschen National-
bibliografie; detaillierte bibliografische Daten sind im Internet über http://dnb.d-
nb.de/ abrufbar.

Dieses Werk sowie alle darin enthaltenen einzelnen Beiträge und Abbildungen
sind urheberrechtlich geschützt. Jede Verwertung, die nicht ausdrücklich vom
Urheberrechtsschutz zugelassen ist, bedarf der vorherigen Zustimmung des Verla-
ges. Das gilt insbesondere für Vervielfältigungen, Bearbeitungen, Übersetzungen,
Mikroverfilmungen, Auswertungen durch Datenbanken und für die Einspeicherung
und Verarbeitung in elektronische Systeme. Alle Rechte, auch die des auszugsweisen
Nachdrucks, der fotomechanischen Wiedergabe (einschließlich Mikrokopie) sowie
der Auswertung durch Datenbanken oder ähnliche Einrichtungen, vorbehalten.

Impressum:

Copyright © 2012 GRIN Verlag GmbH
Druck und Bindung: Books on Demand GmbH, Norderstedt Germany
ISBN: 978-3-656-37232-5

GRIN - Your knowledge has value

Der GRIN Verlag publiziert seit 1998 wissenschaftliche Arbeiten von Studenten, Hochschullehrern und anderen Akademikern als eBook und gedrucktes Buch. Die Verlagswebsite www.grin.com ist die ideale Plattform zur Veröffentlichung von Hausarbeiten, Abschlussarbeiten, wissenschaftlichen Aufsätzen, Dissertationen und Fachbüchern.

Besuchen Sie uns im Internet:

http://www.grin.com/

http://www.facebook.com/grincom

http://www.twitter.com/grin_com

Inhaltsverzeichnis

Abbildungsverzeichnis

„Nur ein Idiot glaubt, aus eigenen Erfahrungen zu lernen. Ich ziehe es vor, aus den Erfahrungen anderer zu lernen, um von vornherein eigene Fehler zu vermeiden."[1]

Otto von Bismarck

1. Einleitung

Das Franchising als Form der Distributionspolitik gewinnt seit seiner Entstehung Mitte der fünfziger Jahre zunehmend an Bedeutung.[2] Da die Entwicklung der Wirtschaft zu immer größeren Einheiten tendiert, Marktlücken und Marktnischen oft verborgen bleiben, bietet das Franchising Unternehmensgründern die Möglichkeit, ein bereits erfolgreiches und erprobtes Konzept zu übernehmen und so die üblichen Risiken bei einem Start in die Selbständigkeit zu reduzieren. Auch in Deutschland hat sich das Franchising als zukunftsgerichtete Unternehmens- und Vertriebsstrategie einen Namen gemacht.[3] Franchise Systeme finden sich heute in jeder Branche, hauptsächlich im Dienstleistungsbereich.[4] Laut dem Deutschen Franchise Verband e.V. stammen 46% der Franchise-Systeme aus dem Dienstleistungsbereich, 32% aus dem Handel, 15% aus dem Gastgewerbe und 7% aus dem Handwerk. Gerade im touristischen Bereich gewinnt Franchising zunehmend an Bedeutung.[5]

Das Vertriebssystem der Reiseveranstalter basiert heute vor allem auf dem stationären Reisebürovertrieb d.h. über eigene Filialsysteme oder fremde Reisebüros, die auf verschiedene Weise (z.B. durch Franchising, Agenturvertrag oder lose Zusammenarbeit) an den Veranstalter gebunden sind. Durch Konzentrationsprozesse wurde dabei die Vertriebsstruktur in der Tourismusbranche grundlegend verändert. Der Anteil der in der Mitte der 1990er Jahre noch dominierenden, traditionellen, inhabergeführten Einzelreisebüros, die nicht an Reisebüroketten oder Kooperationen angeschlossen sind, ging erheblich zurück.[6] Reiseveranstalter und Handelskonzerne begannen zunächst damit, Reisebüros aufzukaufen bzw. in ihren schon bestehenden Kaufhäusern einzurichten und damit den unabhängigen Rei-

---

[1] Simon, H. (2000), S. 188.
[2] Vgl. Schuldt, S. (2009), S. 79.
[3] Vgl. Deutscher Franchise Verband e.V. (2011), o. S.
[4] Siehe Anhang 1.
[5] Deutscher Franchise Verband e.V. (2011), o. S.
[6] Vgl. Meffert, C. (2002), S. 64.

1

sebüros Konkurrenz zu machen.[7] Die Konzentration auf dem Reisemittlermarkt beschleunigte sich durch die Zusammenschlüsse selbstständiger Reisebüros zu Ketten, Kooperationen und Franchise-Systemen.[8] Anfang der 90er Jahre gründete u.a. die TUI mit TUI Urlaubs Center ein neues veranstalterorientiertes Franchise-System mit einem erheblichen Zulauf von mittelständischen, selbstständigen Betrieben. Die Reiseveranstalter konnten dadurch den Vertrieb stärker an sich binden.[9] In den darauf folgenden Jahren entwickelten sich Touristik-Konzerne mit Milliarden-Umsätzen.[10]

Franchising ist eine interessante Vertriebsform, was sich in einer steigenden Anzahl von sowohl Franchise-Nehmern als auch Franchise-Gebern wiederspiegelt.[11] Die Zahl der Franchise-Systeme beläuft sich auf rund 980 (konstant zu 2009). Gemeinsam erwirtschaftete die Franchise-Wirtschaft 2010 mit rund 65.500 Franchise-Nehmern (7,5% mehr als 2009) einen Gesamt-Umsatz von 55 Milliarden Euro, was rund 15% mehr sind, als im Jahr davor.[12]

In der vorliegenden Arbeit wird das Prinzip des Franchising am Beispiel des xyz Unternehmens, Franchise-Nehmer von TUI Travel Star, dargestellt. Dazu ist es notwendig, zunächst einen Überblick über die derzeitige Situation auf dem Reiseveranstalter- bzw. Reisemittlermarkt sowie Möglichkeiten und Gründe für Unternehmensverbindungen darzustellen. Im weiteren Verlauf der Arbeit wird das Reisebüro-Franchising als spezielle Form der Kooperation näher betrachtet. Nach der Begriffsklärung des Franchising erfolgt eine Abgrenzung zu anderen Vertriebsformen. Im nächsten Punkt wird das Franchise-System der TUI Leisure Travel am Beispiel des xyz Unternehmens im Vordergrund stehen. Neben den wesentlichen Inhalten des Vertrages sowie Rechten und Pflichten der Partner wird das Franchise-Paket der TUI Leisure Travel vorgestellt. Es erfolgt darüber hinaus die Darstellung der Vor- und Nachteile sowie abschließend eine Betrachtung der Erfolgsfaktoren des Franchise-Systems.

---

[7] Vgl. Mundt, J. W. (2006), S. 389 f.
[8] Vgl. Freyer, W. (2006), S. 244.
[9] Vgl. Mundt, J. W. (2006), S. 389 f.
[10] Berg, W. (2008), S. 73 f.
[11] Siehe Anhang 1.
[12] Deutscher Franchise Verband e.V. (2011), o. S.

2. Unternehmensverbindungen/ -zusammenschlüsse

2.1 Gründe und Ziele von Unternehmensverbindungen

Unternehmen stehen aufgrund des marktwirtschaftlichen Wettbewerbs unter dem dauernden Zwang konkurrenzfähig zu bleiben und nicht vom Markt verdrängt zu werden. Marktanteile müssen gesichert und ausgebaut sowie das eigene Leistungsangebot stetig erweitert und das der Konkurrenz übertroffen werden. Unternehmen gehen daher Partnerschaften mit anderen Betrieben ein.[13] In diesem Fall spricht man von Unternehmenszusammenschlüssen, die als

> „... eine Verbindung von bisher rechtlich und wirtschaftlich selbstständigen Unternehmen zu größeren Wirtschaftseinheiten, ohne das dadurch die rechtliche Selbstständigkeit und die Autonomie der einzelnen Unternehmen im Bereich wirtschaftlicher Entscheidungen aufgehoben werden muss."[14]

Unternehmenszusammenschlüsse verfolgen bestimmte Ziele, die in nachfolgender Grafik am Beispiel einer Kooperation beispielhaft aufgezeigt werden, jedoch auch auf Konzentrationen zutreffen.[15]

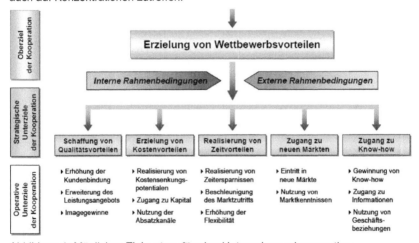

Abbildung 1: Mögliches Zielsystem für eine Unternehmenskooperation.

Quelle: In Anlehnung an Friese, M. (1998), S. 121.

---

[13] Vgl. Wöhe, G. (1993), S. 403.
[14] Ebenda, S. 403.
[15] Vgl. Berg, W. (2008), S. 175 f.

2.2 Systematisierung von Unternehmensverbindungen

Die gebräuchlichsten Systematisierungen von Unternehmensverbindungen ist die Systematisierung nach den wirtschaftlichen und rechtlichen Implikationen für die beteiligten Unternehmen sowie die Systematisierung nach der Richtung der Unternehmensverbindung. Bei ersterem verlieren die verbundenen Unternehmen ihre wirtschaftliche oder auch rechtliche Selbstständigkeit.[16] Man unterscheidet[17]:

Kooperation	Konzentration
– rechtliche Selbstständigkeit bleibt – Einschränkung der wirtschaftlichen Entscheidungskompetenzen auf Geschäftsfeldern, die Gegenstand des vertraglichen Zusammenwirkens sind[18] –Kooperationsfelder: Marketing, Bearbeitung bestimmter Geschäftssegmente, Einkauf von Reiseleistungen (Beschaffungsmarketing→Bündelung Nachfrage für bessere Konditionen), Verwaltung, Buchhaltung, Controlling, Finanzierung[19]	– Fusionen (Verschmelzungen)→ Aufgabe wirtschaftlicher und rechtlicher Selbstständigkeit – Konzernbildungen →Aufgabe wirtschaftlicher Selbstständigkeit → Mit TUI[20], Thomas Cook[21] und Rewe Touristik[22] haben sich größere, inzwischen europaweit agierende Touristikkonzerne herausgebildet, die etwa 70% des deutschen Reisemarktes unter sich aufteilen.[23]

Abbildung 2: Unternehmensverbindungen nach der wirtschaftlichen und rechtlichen Selbstständigkeit.

Quelle: Eigene Darstellung.

Unternehmenszusammenschlüsse erfolgen des Weiteren in verschiedene Richtungen.

---

[16] Vgl. Rudolph, H. (2002), S. 49 f.
[17] Vgl. Hopfenbeck, W. (2002), S. 145.
[18] Rudolph, H. (2002), S. 49.
[19] Vgl. Berg, W. (2008), S. 174 f.
[20] Touristik Union International, Sitz in Hannover.
[21] Von der Deutschen Lufthansa und Karstadt/Quelle beherrscht, Sitz in Frankfurt/Main und Essen.
[22] Vom Kölner Handels-Konzern Rewe-Gruppe dominiert.
[23] Vgl. Schuldt, S. (2009), S. 27.

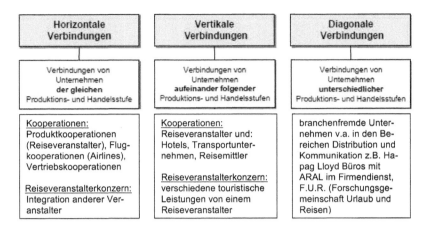

Horizontale Verbindungen	Vertikale Verbindungen	Diagonale Verbindungen
Verbindungen von Unternehmen der gleichen Produktions- und Handelsstufe	Verbindungen von Unternehmen aufeinander folgender Produktions- und Handelsstufen	Verbindungen von Unternehmen unterschiedlicher Produktions- und Handelsstufen
Kooperationen: Produktkooperationen (Reiseveranstalter), Flugkooperationen (Airlines), Vertriebskooperationen Reiseveranstalterkonzern: Integration anderer Veranstalter	Kooperationen: Reiseveranstalter und: Hotels, Transportunternehmen, Reisemittler Reiseveranstalterkonzern: verschiedene touristische Leistungen von einem Reiseveranstalter	branchenfremde Unternehmen v.a. in den Bereichen Distribution und Kommunikation z.B. Hapag Lloyd Büros mit ARAL im Firmendienst, F.U.R. (Forschungsgemeinschaft Urlaub und Reisen)

Abbildung 3: Unternehmensverbindungen nach der Verbindungsrichtung.

Quelle: Eigene Darstellung in Anlehnung an Hopfenbeck, W. (2002), S. 161 ff.

Der Konzern TUI deckt mit der horizontalen und vertikalen Integration alle Wertschöpfungsstufen der Tourismusbranche ab. Dies ermöglicht eine stärkere Kontrolle des Reisablaufs, eine bessere Kapazitätsplanung und Kalkulation, eine intensivere Steuerung der Qualitätssicherung der Leistungsträger sowie eine Markt- und Produktspezialisierung- ein erstrangiger Erfolgsfaktor.[24]

Abbildung 4: Horizontale und vertikale Integration am Beispiel der TUI.

Quelle: www.tui-deutschland.de

---

[24] www.tui-deutschland.de.

3 Reisebürofranchising als spezielle Form der Kooperation

3.1 Marktsituation

Neben Reisebüroketten und Reisebürokooperationen sind Reisebüro-Franchising-Systeme eine weitere Organisationsform auf dem Reisemittlermarkt, die sich in einen dynamischen Wachstumsprozess befindet. Franchising kam Ender der 60er Jahre aus den USA als Absatzsystem nach Deutschland. Im Tourismus war die Flugbörse 1989 eines der ersten Unternehmen, das sich mit diesem System auf den Markt wagte. In den 90er Jahren zogen vor allem Kooperationen und Ketten des Reisemittlerbereiches nach.[25] Neben bekannten und weitaus älteren Franchise-Systemen in der Hotellerie und Gastronomie wie Holiday Inn oder Ramada-Hotels findet es Zuspruch insbesondere bei Reisebüroketten wie z.B. Lufthansa City Center, TUI Reisecenter und Thomas Cook Reisebüros.[26] Auf dem Reisemittlermarkt werden sowohl Franchise-Konzepte für größere, umsatz- und ertragsstarke Reisebüros als auch für kleinere Einzelbüros angeboten.

3.2 Der Begriff „Franchising"

Der Deutsche Franchise-Verband e.V.[27] betrachtet alle Vertriebsformen als Franchise-System, die der nachfolgenden Definition entsprechen: Franchising ist

„... ein vertikal-kooperativ organisiertes Absatzsystem rechtlich selbstständiger Unternehmer auf der Basis eines vertraglichen Dauerschuldverhältnisses. Dieses System tritt auf dem Markt einheitlich auf und wird geprägt durch das arbeitsteilige Leistungsprogramm der Systempartner sowie durch ein Weisungs- und Kontrollsystems zur Sicherstellung eines systemkonformen Verhaltens."

Ein Franchise-System ist demnach eine dauerhafte, durch einen Vertrag geregelte Kooperation rechtlich selbstständiger Unternehmer, wobei der Franchise-Nehmer aber wesentliche Entscheidungskompetenzen an den Franchise-Geber abgibt.[28] Im Rahmen dieser Zusammenarbeit gewährt der Franchise-Geber dem Franchise-Nehmer den Zugang zu einem Systempaket, das u.a. ein Beschaffungs-, Absatz-

---

[25] Vgl. Freyer, W. (2004), S. 515 f., siehe Anhang 2.
[26] Vgl. Rudolph, H. (2002), S. 55.
[27] 1978 gegründet, Sitz: Berlin, Förderung des Franchising in den Wirtschafts-Bereichen, Interessenwahrnehmung der Franchise-Wirtschaft u.v.m.
[28] Vgl. Rudolph, H. (2002), S. 50.

und Organisationskonzept enthält. Im Detail bedeutet dies: Der Franchise-Geber entwickelt eine Geschäftsidee von A-Z, von den Produkten über Werbung, die Ladengestaltung bis hin zur Schulung und realisiert diese in einem Pilotbetrieb. Arbeitsabläufe und Organisationsstrukturen werden dabei systematisiert und perfektioniert. Der Franchise-Nehmer übernimmt gegen Entgelt nach einer ausführlichen Anfangsschulung das erprobte, ausgereifte und funktionierende Geschäftskonzept unter dem Namen der Marke des Franchise-Gebers und setzt es am lokalen Markt, an seinem gewählten Standort um. Das Nutzungsrecht an der Marke und dem damit verbundenen Know-how[29] für die Einrichtung und Führung des Geschäftsbetriebes berühren nicht die unternehmerische Selbstständigkeit des Franchise-Nehmers (er verfügt also über jeglichen unternehmerischen Spielraum). Um die Einhaltung der Vertragsinhalte zu überwachen, hat der Franchise-Geber allerdings umfassende Weisungs-und Kontrollrechte, die das systemkonforme Verhalten aller Beteiligten ermöglicht. Der Franchise-Nehmer ist im eigenen Namen und auf eigene Rechnung tätig.[30] Das Franchise-System[31] zeichnet sich durch eine straffe Organisation und komplementäre Arbeitsteilung aus. „Die Franchise-Partner haben dieselben Ziele: maximalen Gewinn und optimale Sicherheit.“[32]

3.3 Abgrenzung des Franchising von anderen Vertriebsformen

Franchising wird oft als die modernste Vertriebsmethode bezeichnet. Im Rahmen der Distributionspolitik gibt es neben dem Franchising weitere Vertriebsformen, die ebenfalls zu vertikalen Kooperationen zählen. Anhand der Merkmale kann nun eine Abgrenzung erfolgen. Beim **Vertragshändlersystem** steht der Warenvertrieb im Vordergrund. Der Vertragshändler erhält kein Geschäftskonzept durch den Franchise-Geber. Das Franchise-System zeichnet sich durch ein strafferes Management-, Organisations-, Marketing- und Werbekonzept aus. Beim **Handelsvertreter-/Agentursystem** vermittelt der Handelsvertreter für einen oder mehrere

---

[29] Know-how = ein Paket nichtpatentierter, praktischer Kenntnisse, die auf Erfahrungen und Erprobungen des Franchise-Gebers beruhen und geheim (nicht allgemein bekannt/ nicht leicht zugänglich), wesentlich (unerlässlich für den Vertrieb) und identifiziert (für die Anwendung ausführlich genug beschrieben) sind. Vgl. Deutscher Franchise-Verband e.V. (1999), o. S.
[30] Vgl. Deutscher Franchise-Verband e.V. (1999), o. S.
[31] Siehe Anhang 3.
[32] Vgl. Deutscher Franchise-Verband e.V. (1999), o. S.

Hersteller gleichzeitig. In der Regel bringt er kein eigenes Kapital ein und ist nicht an Verlusten beteiligt, d.h. er handelt in fremdem Namen und trägt kein eigenes Risiko. Als selbstständiger Unternehmer handelt der Franchise-Nehmer in eigenem Namen und auf eigene Rechnung. **Lizenzverträge** überlassen dem Lizenznehmer die Rechte zur Nutzung von gewerblichen Schutzrechten (Marke, Patent, Name usw.). Der Einfluss des Lizenzgebers auf den Lizenznehmer ist sehr begrenzt. Lizenzsysteme haben weder ein eigenes Betriebs- noch ein eigenes Marketingkonzept im Gegensatz zu Franchise-Systemen. **Filialbetriebe** sind Zweigstellen eines Unternehmens und somit betriebseigene Organe. Im Gegensatz zum Franchise-Nehmer ist der Filialleiter nicht rechtlich selbstständig, sondern Angestellter und damit in jeglicher Hinsicht weisungsgebunden.[33]

Die häufigste Form im Tourismus ist das Vertriebsfranchising, bei dem der Franchise-Geber (Reiseveranstalter) dem Franchise-Nehmer (Einzelreisebüro oder Reisebürokette) den Vertrieb seiner Produkte und Dienstleistungen überlässt.[34] Für den Veranstalter ist diese flächendeckende Vertriebsform kostengünstig und bietet die Möglichkeit, aktiv in den Vertrieb einzugreifen und die Steuerung zu Gunsten seiner Produkte vorzunehmen.[35] Im weiteren Verlauf der Arbeit wird das Franchise-System TUI Leisure Travel (TLT), Franchise-Geber für das Unternehmen xyz dargestellt. Nach einer kurzen Vorstellung der TLT wird der Franchise-Vertrag sowie die Rechten und Pflichten der Franchise-Partner, das Franchise-Paket sowie die Vor- und Nachteile des Franchising näher betrachtet.

---

[33] Vgl. Martius, W. (2008), S. 145 f.
[34] Vgl. Freyer, W. (2004), S. 516.
[35] Vgl. Berg, W. (2008), S. 177.

3.4 Das Franchise-System der TUI Leisure Travel (TLT)

3.4.1 Die TLT – Deutschlands größte Reisebüro-Franchise-Organisation

Kein deutsches Unternehmen hat jemals einen so deutlichen Wandel vollzogen wie die TUI AG, die aus der ehemaligen Preussag AG hervorging. Innerhalb weniger Jahre hat sich der Konzern mit ca. 65.000 Mitarbeitern vom Industriekonglomerat zum innovativen, in Europa führenden Touristikkonzern entwickelt und kann einen Jahresumsatz 2009 von ca. 13 Milliarden Euro verbuchen.[36] Von Reisebüros und Reiseveranstaltern über Fluggesellschaften, Hotels und Kreuzfahrtschiffen bis hin zur Betreuung am Urlaubsort, die Unternehmen und Marken der „World of TUI" bieten das gesamte Spektrum an Dienstleistungen rund um Urlaubsreisen.[37] Die TUI Leisure Travel Service GmbH, eine hundertprozentige Tochter der TUI Deutschland, bündelt alle touristischen Aktivitäten im stationären Eigenvertrieb. Sie ist Franchisegeber[38] für die Marken TUI Reise Center, TUI Travel Star, Hapag-Lloyd Reisebüro und First Reisebüro.[39] Die TLT ist mit ca. 1400 Franchise- und Kooperationspartnern die größte Reisebüro-Franchise-Organisation Deutschlands vor McDonalds mit 1.334 Filialen.[40]

3.4.2 Wesentliche Inhalte des Franchise-Vertrages

Eine explizite gesetzliche Regelung zum Franchise-Vertrag existiert nicht. Es handelt sich um einen Typenkombinationsvertrag, in den u.a. Gesetzesvorschriften aus dem gewerblichen Rechtsschutz, Handelsrecht, Gesellschaftsrecht, Schuldrecht, Wettbewerbs- und Kartellrecht einfließen.[41] Wesentliche Inhalte sind[42]:

- Ziele sowie Rechte und Pflichten der Vertragspartner
- Bindung an die Vermittlung bzw. den Vertrieb von Reiseleistungen aus dem Sortiment des Reiseveranstalters
- Franchise-Geber gewährt Nutzungsrechte, Know-how, Unterstützung

---

[36] www.tui-deutschland.de., siehe Anhang 4 und 5.
[37] www.tui-group.com.
[38] Die größten Reisevertriebssysteme 2008 siehe Anhang 6.
[39] www.tui-deutschland.de.
[40] Vgl. Deutscher Franchise Verband e.V. (2010), o. S., Siehe Anhang 7.
[41] Deutscher Franchise-Verband e.V. (1999), o. S.
[42] Vgl. ebenda, o. S.

- Bestimmungen über Identifikationsmerkmale des Franchise-Gebers sowie die Bindung des Franchise-Nehmers [43]
- Erreichen festgelegter Planumsätze
- Einhaltung der strategischen Unternehmensführung und –planung durch Akzeptanz der Strategie und der Steuerungsmaßnahmen des Franchise-Gebers
- Gebietsschutz
- Zahlungsverpflichtungen des Franchise-Nehmers
- Vertragsdauer/ Kündigung
- Bedingungen für den Verkauf/ die Übertragung des Franchise-Geschäftes auf einen anderen Franchise-Nehmer.

3.4.3 Rechte und Pflichten der Franchise-Partner

Der Deutsche Franchise Verband e.V. hat im offiziellen, verbindlichen Ethikkodex[44] des Verbandes die Rechte und Pflichten der Franchise-Partner festgelegt.

Rechte des Franchise-Nehmers:

- Information→ Systemhandbuch mit dem Know-how zur Betriebsführung
- umfassende Betreuung durch Franchise-Geber
- Aus- und Fortbildung
- Werbe- und verkaufsfördernde Maßnahmen

Pflichten des Franchise-Nehmers:

- Einhaltung der im Handbuch festgeschriebenen Grundsätze des Systems
- Bemühungen um nachhaltiges Wachstum des Franchise-Betriebes, Wahrung der gemeinschaftlichen Identität und des guten Rufs des Franchise-Netzes
- Zugang zu den wirtschaftliche Daten, Unterlagen und Räumlichkeiten
- keine Weitergabe des Know-how an Dritte
- Besuch der Seminare und Schulungen der Franchise-Zentrale zur Fortbildung
- Zahlung der Systemgebühren

---

[43] Gebrauch des Firmennamens, der Marke, des Logos etc. (Corporate Identity)
[44] Vgl. Deutscher Franchise Verband e.V. (2008), o. S.

Rechte des Franchise-Gebers:

– Controlling" d.h. Beobachtung und ratgebende Einflussnahme hinsichtlich des wirtschaftlichen Erfolgs des Franchise-Nehmers

– Überprüfung der Einhaltung der vertraglichen Pflichten des Franchise-Nehmers sowie der im Handbuch festgeschriebenen Grundsätze

– Maßnahmen zur Qualitätssicherung bzw. –verbesserung im Franchise-Betrieb

Pflichten des Franchise-Gebers:

– dauernde Unterstützung des Franchise-Nehmers

– Weiterentwicklung des Systems sowie der Produkte und Dienstleistungen

– Entwicklung und Umsetzung von Marketingkonzepten

– detaillierte Darstellung des Know-hows für den Franchise-Nehmer → kein Eingriff in die unternehmerische Selbstständigkeit

– Information u.a. über Marktsituation, Entwicklung der eigenen Produkte

– Qualitätsmanagement

– klare Organisationsstrukturen und –abläufe.

Für beide Vertragspartner gilt Fairness sowie das Unterlassen von geschäftsschädigendem Verhalten.[45]

Die TUI Leisure Travel stellt dem xyz Unternehmen als Franchise-Nehmer bestimmte Leistungen zur Verfügung, das sog. Franchise-Paket. Im nächsten Punkt werden diese Leistungen näher betrachtet.

---

[45] Zum Beispiel die unberechtigte Infrage-Stellung der wirtschaftlichen Grundlagen der Franchise-Partner, unsachliche Äußerungen insbesondere gegenüber Presse und sonstigen Medien, Nutzung von Druckmitteln zur Durchsetzung von Individualinteressen etc.
gegen die Franchise-Wirtschaft oder einzelne Franchise-Systeme.

3.4.4 Das Franchise-Paket – Leistungen der TUI Leisure Travel

Wesentliche Leistungen der TUI Leisure Travel bei dem Franchise-System TUI Travel Star werden im Folgenden dargestellt.

• Standortsuche sowie Einrichtungs- und Starthilfe bei Geschäftseröffnung

Das xyz Unternehmen als Franchise-Nehmer wurde bei der Suche nach einem geeigneten Geschäftsstandort unterstützt. Die direkte Lage in der Fußgängerzone Ilmenaus ist ideal aufgrund der hohen Anzahl an Laufkundschaft und der guten Erreichbarkeit. Das Einrichtungskonzept wurde ebenso gestellt.[46]

• Günstige Konditionen

Das xyz Unternehmen profitiert von den Konditionen über das breite Sortiment aller relevanten Veranstalter (hauptsächlich TUI, Thomas Cook und Neckermann), im Bereich IATA/Flug, bei der Deutschen Bahn und allen wichtigen Zusatzleistungsträgern. Darüber hinaus wird das Reisebüro bei der Optimierung der Vertriebsprozesse für höchstmögliche Provisionserlöse[47] sowie einer effektiven Verkaufssteuerung unterstützt.

• Weitreichende Marketingunterstützung

Zur Vermarktung der Produkte und Dienstleistungen werden von der TLT Werbekonzepte entwickelt und umgesetzt. Das xyz Unternehmen zahlt hierfür eine Werbegebühr von 2% des Umsatzes. Es werden Anzeigen mit großer Reichweite geschaltet z.b. Angebots- oder Imageanzeigen sowie Flyer und Folder als Zeitungs- oder Katalogbeilagen, Streuprospekte oder Hauswurfsendungen als Marketingmittel eingesetzt. Weiterhin werden verkaufsfördernde Maßnahmen (z.B. Reisegutscheine oder Werbegeschenke für Kunden) ergriffen. Die TLT unterstützt das Reisebüro beim Direktmarketing zur qualitativen, individuelle Kundenansprache z.B. über Mailings[48] und gewährt darüber hinaus Werbekostenzuschüsse für individuel-

---

[46] Mehr dazu unter dem Punkt Corporate Identity.
[47] Höchste Provisionsstufe beim Leitveranstalter TUI sowie gesonderte Provisionsregelungen durch Verhandlungen der QTA bei ca. 70 weiteren Veranstaltern.
[48] Vorlagen für Kundenbriefe, Mailings u.v.m. werden im Extranet veröffentlicht und dürfen vom xyz Unternehmen verwendet werden.

le Marketingaktionen des Reisebüros. Regionale Werbung übernimmt das xyz Unternehmen selbst, wobei das bestehende Konzept der TLT umgesetzt wird. Zur Kundenaquise bzw. Kundenbindung finden regelmäßige Kunden-/ Themenabende im Reisebüro statt z.b. im Nachgang von stattgefunden Gruppenreisen oder als Informationsveranstaltung zu bestimmten Reiseländern.

• **Einheitlicher Auftritt und Corporate Identity (CI)**

Die CI beinhaltet spezielle Wertvorstellungen, die alle TUI Travel Star Reisebüros auszeichnen. Die CI umfasst[49]:

– Corporate Design (einheitlicher Auftritt) z.b. Logo, Farbgebung, Ladeneinrichtung (Dekoration, Aufsteller, Namensschilder), Außenauftritt (Leuchtwerbung, Straßenstopper), Geschäftspapiere

– Corporate Communication (Kommunikation) in den Bereichen der Werbung, Verkaufsförderung, des Direktmarketing etc.

– Corporate Behaviour (Verhalten) gegenüber Kunden, Partnern, Öffentlichkeit.

Der konsequente, einheitliche Auftritt der Vertriebspartner stärkt nicht nur das Gesamterscheinungsbild, sondern auch die Marke bzw. den Namen des Systems auf dem Markt. Gleichzeitig wird der Bekanntheitsgrad bei den Kunden gesteigert. Der Auftritt sowie das gemeinsame Image sind ein wesentlicher Erfolgsfaktor jedes Franchise-Systems.[50]

• **Schulung und Entwicklung der Reisebüromitarbeiter**

Zur Gewährleistung eines erfolgreichen, geschäftlichen Einstiegs erfolgten vor Eröffnung des xyz Unternehmens Anfangsschulungen sowie regelmäßige Fortbildung des Franchise-Nehmers. Darüber hinaus sind die Kompetenz, das Fachwissen und die Beratungsqualität der Mitarbeiter entscheidend für den erfolgreichen Vertrieb von Reiseleistungen. Daher erfolgen veranstalterübergreifende Seminare und Seminarreisen, Coachings und Produkt- und Sortimentsschulungen. Das xyz Unternehmen erhält regelmäßige Informationen über hauptsächlich kostenlos

---

[49] Für Franchise-Nehmer im Extranet von TUI Travel Star veröffentlicht.
[50] www.tui-franchise.de.

stattfindende Seminare in der Umgebung. In eintägigen Zielgebietsschulungen werden Fakten zu den Reiseländern an sich (geografische Lage und daraus resultierenden Besonderheiten, Ein- und Ausreisebestimmungen, Klima, Mentalität und Religion im Zielgebiet, Gesundheitliche Vorschriften), Ausflugsmöglichkeiten vor Ort, die im Katalog des Reiseveranstalters angebotenen Hotels sowie Rundreisen übermittelt. Darüber hinaus werden zielgruppenspezifische Besonderheiten sowie Verkaufsargumente vorgestellt, um Kunden im Reisebüro kompetent zu beraten und Entscheidungshilfen bei der Wahl des Urlaubslandes bzw. der jeweiligen Region entsprechend den individuellen Wünschen und Vorstellungen zu geben. Auszubildende können in sogenannte „Azubi-Camps" fliegen (hauptsächlich in der Türkei oder auf Mallorca), wo ebenfalls Informationen zum Reiseland übermittelt, Hotels vor Ort besichtigt sowie Ausflüge unternommen werden. Mitarbeiter können gegen einen geringen Aufpreis an weltweiten Inforeisen teilnehmen (Pauschalreisen, Kreuzfahrten, Kultur- und Städtereisen u.v.m.). Desweiteren erfolgen regelmäßige CRS[51]-Schulungen aufgrund der Weiterentwicklung von Buchungssystemen[52] und „Buchungsmasken" der Reiseveranstalter und Software-Anbieter.

• **Innovative Technik und IT**

Das speziell zugeschnittene EDV-System ermöglicht dem xyz Unternehmen eine systemspezifische Aufgabenbearbeitung und erleichtert alle Reisebüroprozesse von der Beratung über Kundenbeziehungs-Management bis hin zur Buchhaltung. Die TLT bietet technische Unterstützung und Know-how für die Reisebüro-Homepage und Einbindung in die zentrale TUI Travel Star-Homepage. Das Extranet ist das wichtigstes Informations- und Kommunikationsmedium des xyz Unternehmens zur Einsicht von News und Angeboten der Reiseveranstalter, Marketingaktionen, Werbemitteln, Ideen zu Events, Aktionen, Direktmarketingaktionen sowie Corporate-Identity-Richtlinien.

---

[51] Computerreservierungssystem.
[52] AMADEUS (TOMA-Maske), IRIS.plus, Bistro, TUI-Maske u.v.m.

• **Finanzierungshilfe**

Die TLT legt dem Reisebüro als Kalkulationsgrundlage ihre Finanzierungs-, Liquiditäts- und Rentabilitätsplanung vor. Diese Unterlagen dienen auch zum Nachweis der Förderungswürdigkeit des Konzepts als Vorlage bei der Bank. Die TLT bietet Darlehen und Mietzuschüsse sowie die Staffelung der Eintritts- bzw. der laufenden Gebühr an.

• **Qualität als Wettbewerbsvorsprung**

Kundenbindung und -zufriedenheit sind immer mehr erfolgsentscheidende Kernkompetenzen.[53] Um höchste Dienstleistungsqualität bei Beratung zu gewährleisten, hat die TUI Leisure Travel Franchise-Zentrale einheitliche Qualitätsstandards entwickelt, umgesetzt und etabliert.[54] Die lokale Weiterentwicklung der Dienstleistungsqualität wird durch halbjährliche, regionale Treffen vorangetrieben. Zur Messung und ggf. Verbesserung der Qualität im Reisebüro finden zweimal jährlich verdeckte Testkaufstudien mit anschließender Auswertung statt. Das xyz Unternehmen erzielt seit Jahren sehr gute Ergebnisse bei den Testkaufstudien.

• **Betreuung/ KompetenzTeams**

Im Innendienst erfolgt die Organisation und Optimierung aller Franchise-Aktivitäten, im Außendienst erfolgt die Betreuung durch Regionalleiter.[55] Die sog. „KompetenzTeams" unterstützen und beraten das xyz Unternehmen bei speziellen Themen u.a. bei moderner Unternehmensführung[56], Personal-Management[57], vertriebsorientierten Marketing[58] und erlösorientiertem Verkauf.[59]

---

[53] www.tui-franchise.de
[54] Der TÜV SÜD vergab der TLT zum 3. Mal das renommierte Prüfsiegel "ServiceQualität".
[55] Dieses engmaschige Betreuungskonzept ist einzigartig am deutschen Reisemarkt.
[56] Potentialanalyse, Finanzplanung, Ertragsoptimierung.
[57] Entwicklungsplan, Mitarbeiterauswahl und –führung.
[58] Marketingplan, Standortanalyse, Wettbewerbsbeobachtungen.
[59] Kundenorientierung, Vertriebscontrolling, Qualitätsmanagement, Ausbau u.v.m.

3.5 Die Vor- und Nachteile des Franchising

3.5.1 Die Vorteile

Vorteile[60] für das xyz Unternehmen als Franchise-Nehmer sind:

- Einstiegserleichterung durch "schlüsselfertigen Betrieb" d.h. einem erprobten, etablierten, bekannten Geschäftskonzept → schnellerer Marktzugang, Vermeidung von Gründungsfehlern, effiziente, in der Praxis bewährte Arbeitsabläufe, Integration in ein funktionierendes Vertriebssystem
- Übernahme einer (Dach-)Markenstrategie und einem über viele Jahre aufgebauten Image→ Erleichterung Markteintritt, Ausbau von Wettbewerbsvorteilen
- der durch die Verbreitung der Marke höhere Wiedererkennungswert erhöht das Potential der Neukundenaquise und Kundenbindung (Voraussetzung ist die Zufriedenheit der gesamten Franchise-Kunden)
- selbstständige Existenz, hohes Unternehmensniveau
- große Einkaufsmacht der TLT bei den einzelnen Leistungsträgern→ günstige Konditionen
- Übernahme des flächendeckenden Marketings durch die TLT (i.d.R. kosten- und zeitintensiv, bereits entwickelt: Logos, Werbematerialien und -kampagnen, Internetseite, Gestaltung von Anzeigen und Geschäftspapieren, stimmiges Corporate Design) → Marketing, Qualität und Umfang sind einheitlich
- Entlastung durch Übernahme eines kompletten Leistungspaketes → Konzentration auf den erfolgsentscheidenden Vertrieb
- höhere Kreditwürdigkeit bei Banken (unternehmerisches Risiko ist reduziert)
- Leistungsverbesserung und aktueller Wissenstand durch Weiterbildungen, Schulungen und Informationsaustausch
- Kontrolle der TLT→ Erkennen und ggf. Veränderung von Missständen
- Vereinbarung Gebietsschutz[61]

---

[60] Vgl. Deutscher Franchise-Verband e.V. (1999), Rudolph, H. (2002), S. 54., Freyer, W. (2004), S. 518.
[61] Das xyz Unternehmen hat in seinem Vertragsgebiet eine Alleinstellung → Schutz vor Wettbewerbern des Systemanbieters.

Vorteile[62] für die TLT als Franchise-Geber sind:

- Vermarktung des bewährten Systems und Know-how mit geringem Kapitaleinsatz, auch im Ausland→ direkter Marktzugang→ Expansion
- xyz Unternehmen ist ein selbstständiges Unternehmen → geringes Risiko
- Aufbau eines für das Unternehmen zugeschnittenen Vertriebsnetzes
- Rationalisierung, größere Effizienz des Systems am Markt
- Markt-, Kunden- und Partnernähe

3.5.2 Nachteile

Nachteile[63] für das xyz Unternehmen als Franchise-Nehmer sind:

- Abhängigkeit von der Geschäftspolitik der TLT → geringer Einfluss
- Fehlentscheidungen der TLT beeinflussen Umsätze
- langfristige Bindung (10 Jahre): Kündigung bei Konflikten nicht einfach
- Einschränkung des eigenen unternehmerischen Handelns durch Vorschriften des Franchise-Gebers (Weisungsrecht)
- Zahlung Franchise-Gebühr von 25% des eigenen Umsatzes
- Gefahr, dass das eigene Image durch Aktionen der TLT oder anderer Franchise-Nehmer beeinträchtigt wird
- volles unternehmerisches Risiko

Nachteile[64] für den Franchisegeber sind:

- ebenso die Gefahr, dass das Konzept und das Image beeinträchtigt wird z.B. durch Fehlverhalten des Franchise-Nehmers
- geringere Systemtreue als bei eigenen Filialen
- aufwendige Steuerung und Kontrolle, entsprechende Kosten
- Gewinne beschränken sich auf die Franchise-Gebühr

---

[62] Vgl. Deutscher Franchise-Verband e.V. (1999), Rudolph, H. (2002), S. 54., Freyer, W. (2004), S. 518.
[63] Vgl. ebenda.
[64] Vgl. ebenda.

4. Fazit - Erfolgsfaktoren des Franchise-Systems

Franchising kann in Deutschland eine große Zukunft vorausgesagt werden. Denn der Trend geht hin zum Unternehmertum in Netzwerken, das belegen die aktuellen DFV-Statistiken.[65] Franchise-Systeme beruhen auf Synergie-Effekten[66], d.h. „...einem Leistungszuwachs, der durch eine Kooperation bzw. Unternehmensvereinigung addiert wird."[67]

Da es gerade für die kleineren und mittelständischen Unternehmen der Reisebranche schwierig ist, Fuß zu fassen bzw. Kunden dauerhaft an sich zu binden und sich am Markt gegen die Konkurrenz zu behaupten, bietet sich eine Partnerschaft mit einem Verbund an. Das xyz Unternehmen als Franchise-Nehmer konnte das Reisebüro in Eigenregie aufbauen und effektiv führen. Kostenintensive Startfehler wurden vermieden, da der erfahrene Franchise-Geber das Reisebüro bei der Gründung als auch im weiteren Verlauf seiner Selbstständigkeit begleitet, betreut und berät.[68] Durch das straff geführte Vertriebs- und Organisationssystem und der „schlüsselfertigen Existenz" verringert sich die Risikorate und erhöhen sich die Erfolgschancen.[69] Nach Aussage des Deutschen Franchise-Verbandes geben nur 8% der Franchise-Nehmer im ersten Jahr auf, bei anderen Neugründungen sind es dagegen 25%.

Das xyz Unternehmen wird größten Teils vom Marketing durch die TLT entlastet und kann sich daher ganz auf den erfolgsentscheidenden Vertrieb konzentrieren. Durch die explizite Standardisierung des Franchise-Konzeptes werden Qualitätssteigerungen der Produkte und Dienstleistungen sowie eine stärkere Kundenorientierung erreicht.[70] Die gemeinsame Marke und das starke Image als „immaterieller Erfolgsfaktor"[71] profiliert das xyz Unternehmen im Qualitätswettbewerb.

Franchising bietet den Franchise-Partnern darüber hinaus eine größere wirtschaftliche Sicherheit, da der Erfolg des Einen zugleich der Erfolg des anderen ist, was

---

[65] Vgl. Deutscher Franchise Verband e.V. (2010), o. S.
[66] Synergie (griech.: Zusammenwirken)
[67] Martius, W. (2008), S. 107.
[68] Hebig, M. (2004), S. 179.
[69] Hebig, M. (2004), S. 179.
[70] Vgl. Hebig, M. (2004), S. 181.
[71] Hebig, M. (2004), S. 181.

ein solides Fundament für eine effiziente Kooperation bildet.[72] Durch das zielge-
richtete partnerschaftliche Miteinander sowie die vertikale Arbeitsteilung entsteht
für jeden Beteiligten ein weitaus positiverer Effekt und größerer Nutzen, als dies
im Alleingang der Fall wäre.[73]

Weitere, wesentliche Erfolgsfaktoren sind die flexible und schnelle Anpassung an
Marktveränderungen durch die Konzentration auf die Stärken der Franchise-
Partner und die stetige Optimierung von Geschäftsprozessen sowie der Markt-
und Einkaufsmacht durch Größenvorteile des Reiseveranstalters TUI. Durch die
überregionale Präsenz und den damit verbundenen erhöhten Bekanntheitsgrad
sowie dem Wettbewerbsvorsprung durch neue Produkte, Einkaufsvorteilen, einem
hohen Rationalisierungsgrad und dem besonderen Marketingkonzept, ist das xyz
Unternehmen mit dem Franchise-System so erfolgreich. Franchising verbindet die
Vorteile von Großunternehmen (Marktmacht) mit denen von Kleinunternehmen
(Marktnähe).[74] Franchising ermöglicht weiterhin eine Expansion mit einem relativ
geringen Eigenkapitaleinsatz. Grundlage ist der Multiplikatoreffekt d.h. die vom
Franchise-Geber entwickelte und geschützte Konzeption wird in andere Regionen
übertragen. Damit wird die Wettbewerbsposition abgesichert.[75] Dem Kerngedan-
ken folgend: „Einmal denken und hundert Mal anwenden ist effektiver als hundert
Mal denken und hundert Mal anwenden."[76] Desweiteren ist im heutigen Käufer-
markt mit Überangebot ein marktweites und dichtes Vertriebsnetz Voraussetzung
eines nachhaltigen Unternehmenserfolgs. Es gewährleistet nicht nur eine intensive
Marktdurchdringung, sondern sichert zugleich die Kontinuität der Geschäftsbezie-
hungen.[77]

Die Ankopplung des xyz Unternehmens an die Markenwelt der TUI bietet eine er-
folgsversprechende Zukunft. Inzwischen hat die TUI eine Markenbekanntheit von
99%. Sie steht für Qualität, Sicherheit und Service und gilt als die Veranstalter-
marke Nr. 1 im deutschen Touristikmarkt.[78]

---

[72] Vgl. Martius, W. (2008), S. 33.
[73] Vgl. Deutscher Franchise Verband e.V. (1999), o. S.
[74] Vgl. Hebig, M. (2004), S. 181.
[75] Vgl. Martius, W. (2008), S. 34.
[76] Deutscher Franchise Verband e.V. (1999), o. S.
[77] Vgl. Hebig, M. (2004), S. 181.
[78] www.tui-deutschland.de.

5. Anhang

Anhang 1: Deutsche Franchise-Wirtschaft auf einen Blick

Quelle: Deutscher Franchise-Verband. e.V. (2010)

Deutsche Franchise-Wirtschaft auf einen Blick

DFV

	2000	2010	Wachstum
Mitarbeiter	346.500	463.000	+ 33,6 %
Franchise-Nehmer	37.100	65.500	+ 76,5 %
Franchise-Geber	735	980	+ 33,4 %
Umsatz (Mrd. Euro)	22	55	+ 150 %

Branchenverteilung

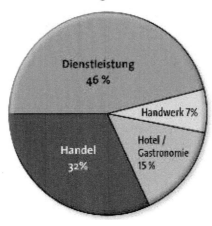

Dienstleistung 46 %
Handwerk 7 %
Handel 32 %
Hotel / Gastronomie 15 %

Anhang 2: Kooperationen und Franchising

Quelle: Eigene Darstellung in Anlehnung an Freyer, W. (2006), S. 246.

Kooperationen

TUI	REWE	Thomas Cook
Quality in Travel Alliance (QTA) mit: - Schmetterling Reisen - RTK (Raiffeisen-Tours-Kooperation) - Best-RMG (Reisen Management GmbH) - Alpha	Reisebüro Service Gesellschaft (RSG) mit: - Pro Tours - Deutscher Reisering - Tour Contact - Prima Urlaub - Deutscher Reisering, Prima Urlaub, Pro Tours, RCE und TourContact	RCE (Raiffeisen Central Einkauf)

Franchise

TUI	REWE	Thomas Cook
- TUI Travel Star - TUI Reise Center - First Reisebüro	- Atlas Reisen - Derpart	- Holiday Land - Alpha Reisebüro

Anhang 3: Ausgewählte Transaktionselemente im Franchise-System.

Quelle: Tietz, B. (1991), S. 168.

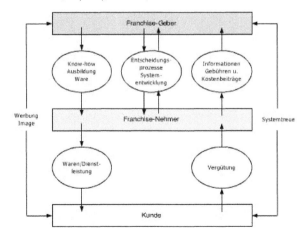

Anhang 4: Die größten Reiseveranstalter in Deutschland 2009

Quelle: Deutscher Reise Verband (2009)

Die größten Reiseveranstalter in Deutschland

■ Umsatz in Mio. Euro   ■ Teilnehmer in Tsd.

TUI Deutschland	4.238	10.923
Touristik der Rewe-Group	2.875	6.039
Thomas Cook	2.600	4.800
Alltours	1.520	1.220
FTI	1.530	937
Aida Cruises	414	722
Öger-Gruppe	1.319	696

0   3.000   6.000   9.000   12.000

Der Gesamtumsatz der deutschen Reiseveranstalter 2009 betrug 20,8 Milliarden Euro.

Anhang 5: Marktanteile der Reiseveranstalter in Deutschland 2009

Quelle: Deutscher Reise Verband (2009)

Marktanteile der Reiseveranstalter

TUI Deutschland	20,4 %
Touristik der Rewe-Group	13,8 %
Thomas Cook	12,5 %
Alltours	5,9 %
FTI	4,5 %
Aida Cruises	3,5 %
Öger-Gruppe	3,3 %
Sonstige	36,1 %

Wichtiger Hinweis: Die Berechnungsgrundlage der Marktanteile wurde ab dem Jahr 2007 verändert. Bis 2006 wurden in dieser Übersicht die Marktanteile nur auf die von der Fachzeitschrift FVW erhobenen Umsätze der größten Reiseveranstalter bezogen. Seit 2007 werden diese bezogen auf den Gesamtumsatz der deutschen Reiseveranstalter dargestellt. Mit der Umstellung der Berechnungsgrundlage ist ein Vergleich der Marktanteilszahlen deshalb nicht mehr möglich.

Bezogen auf 20,8 Milliarden Euro Gesamtumsatz der deutschen Reiseveranstalter 2009

Anhang 6: Die größten Reisevertriebssyteme 2008

Quelle: Deutscher Reise Verband (2009)

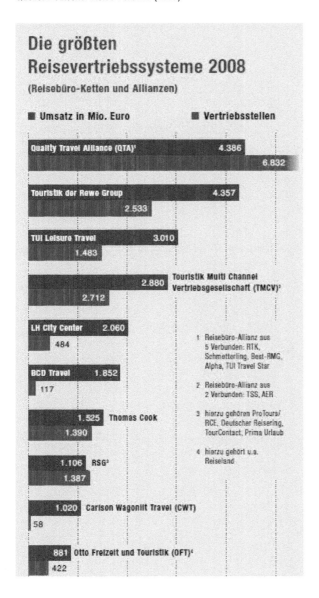

Anhang 7: Top 20 der Franchise-Wirtschaft in Deutschland

Quelle: Deutscher Franchise-Verband e.V. (2010)

1	TUI / First Reisebüro	Reisebüro	1.405
2	McDonald's	Systemgastronomie	1.334
3	Schülerhilfe	Nachhilfe	1.023
4	Studienkreis	Nachhilfe	1.008
5	Kamps	Bäckereien	930
6	Subway	Systemgastronomie	755
7	Fressnapf	Tiernahrung	723
8	Apollo Optik	Augenoptiker	670
9	Burger King	Systemgastronomie	650
10	Foto Quelle	Fotohandel	560
11	Ad-Auto Dienst	Autoreparatur	550
12	Datac	Buchhaltung	524
13	Reno	Schuhhandel	498
14	Musikschule Fröhlich	Musikpädagogik	475
15	Quick Schuh	Schuhhandel	400
16	Tank & Rast (Sanifair)	Tankstellen	368
17	Avis Autovermietung	Autovermietung	340
18	Topa Team	Schreinerfachbetriebe	338
19	Holidayland	Reisebüros	335
20	OBI	Heimwerkermärkte	333

6. Quellenverzeichnis

Berg, W. (2008): Tourismusmanagement. 2. Aufl., Ludwigshafen.

Freyer, W. (2004): Tourismus-Marketing. 4. Aufl., München.

Freyer, W. (2006): Tourismus: Einführung in die Fremdenverkehrsökonomie. 8. Aufl., München.

Friese, M. (1998): Kooperation als Wettbewerbsstrategie für Dienstleistungsunternehmen. 1. Aufl., Wiesbaden.

Hebig, M. (2004): Existenzgründungsberatung. 5.Aufl., Berlin.

Hopfenbeck (2002): Allgemeine Betriebswirtschafts- und Managementlehre. 14. Aufl., München.

Martius, W.(2008): Fairplay Franchising: Spielregeln für partnerschaftlichen Erfolg. 1. Aufl., Wiesbaden.

Meffert, C. (2002): Profilierung von Dienstleistungsmarken in vertikalen Systemen. Ein präferenzorientierter Beitrag zur Markenführung in der Touristik. 1. Aufl., Wiesbaden.

Mundt, J. W. (2006): Tourismus. 3. Aufl., München.

Rudolph, H. (2002): Tourismus-Betriebswirtschaftslehre. 2. Aufl., München.

Schuldt, S. (2009): Die Marktmacht von TUI in Deutschland und Europa. 1. Aufl., Hamburg.

Simon, H. (2000): Geistreiches für Manager. 1. Aufl., Frankfurt/ Main.

Tietz, B. (1991): Handbuch Franchising: Zukunftsstrategien für die Marktbearbeitung. 2. Aufl., Landsberg am Lech.

Wöhe, G. (1993): Einführung in die allgemeine Betriebswirtschaftslehre. 18. Aufl., München.

Internetquellen

Deutscher Franchise-Verband e.V. (Hrsg.) (1999): Existenzgründung mit System- Ein Leitfaden des Deutschen Franchise – Verbandes e.V. Bonn, http://www.franchiseverband.com/fileadmin/user_upload/MAIN-dateien/PDF-Website/Franchise-Leitfaden_-_DFV.pdf, abgerufen am 16.02.2011.

Deutscher Franchise Verband e.V. (Hrsg.) (2008): Ethikkodex. http://www.franchiseverband.com/fileadmin/user_upload/MAIN-dateien/PDF-Website/Ethikkodex-2008.pdf, abgerufen am 24.03.2011.

Deutscher Franchise Verband e.V. (Hrsg.) (2011): Deutsche Franchise-Wirtschaft 2010 weiter gewachsen, http://www.franchiseverband.com/fileadmin/user_upload/MAIN-dateien/1_Startseite_und_Mitteilungen/PM_Franchise Entwicklung_2010.pdf, abgerufen am 26.03.2011.

Deutscher Reise Verband DRV (Hrsg.) (2009): Fakten und Zahlen zum Deutschen Reisemarkt, http://www.drv.de/fileadmin/user_upload/fachbereiche/DRV_Zahlen_Fakten2009_01.pdf, abgerufen am 05.03.2011.

www.tui-deutschland.de

www.tui-franchise.de

www.tui-group.com